Andreas Venzke

Carlos kann doch Tore schießen

Mit Bildern
von
Catherine Louis

BELTZ
& Gelberg

www.beltz.de
Gulliver Taschenbuch 468
2001 Beltz Verlag, Weinheim und Basel
Programm Beltz & Gelberg, Weinheim
Lizenzausgabe
Taschenbuchausgabe mit freundlicher Genehmigung des
Verlages Nagel & Kimche AG

Einbandgestaltung von Max Bartholl
Einbandbild von Detlef Kersten
Gesetzt nach der neuen Rechtschreibung
Gesamtherstellung Druckhaus Beltz, 69494 Hemsbach
Printed in Germany
ISBN 3 407 78468 6
1 2 3 4 5   05 04 03 02 01

Es ist Sonntag und Carlos ist gut in Form. Carlos spielt Fußball, und er hat sich vorgenommen, ein großer Fußballspieler zu werden. Zwar wollen die meisten seiner Freunde große Fußballspieler werden, aber keiner will das so sehr wie Carlos. Carlos wohnt in Onigo. Den Ort kennt kaum jemand in Brasilien, auch nicht im benachbarten São Paulo, dieser riesigen Stadt. Denn in Onigo wohnen nur arme Leute.

Man findet Onigo auch nicht so leicht. Der Name taucht auf keinem Straßenschild auf. Onigo steht auf keiner Landkarte und noch nicht einmal auf einem Stadtplan. Denn den Ort hat keiner gewollt, zumindest keiner von denen, die in einer Stadt wie São Paulo alles planen und ordnen und regeln.

Onigo ist einfach so entstanden, fast über Nacht.
Irgendwann hatte einer angefangen, sich in der Nähe von São Paulo ein Haus zu bauen, freilich kein ganz normales Haus. Um ein normales Haus zu bauen, muss man zuerst ein Stück Land besitzen und man muss von dem Haus zuerst Pläne machen lassen. Und dann muss man die Pläne prüfen lassen, und dann muss man die Pläne ändern und wieder prüfen lassen, und dann muss man die Pläne genehmigen und eintragen lassen und … Uff, ein langer und teurer Weg!
In Onigo haben alle eine Abkürzung genommen. Da war vielleicht zuerst ein Mann, der in São Paulo verschiedene Arbeiten machte, je nachdem was es gerade zu tun gab. Manchmal half er auf

einem Markt, die Obst- und Gemüsekisten auszuladen. Oder er schleppte auf einer Baustelle Zementsäcke. Oder er lotste Autos zu freien Parkplätzen. Und manchmal fand er auch keine Arbeit. Dieser Mann schlief irgendwo in den Straßen der riesigen Stadt. Aber irgendwann hatte er genug davon. Er ist am Rand von São Paulo zu einem Gelände gegangen, um das sich keiner kümmerte, und hat dort ein Zelt aufgebaut. Und weil er von dort nicht vertrieben wurde, hat er bald angefangen, sich Bretter zu besorgen und sie zusammenzunageln.
Jeden Tag hat er weitergearbeitet, hat aus den Brettern Wände errichtet, ein Dach darüber gelegt, einen kleinen Herd zum Kochen gebaut. Da war aus dem Zelt ein Häuschen geworden.

Und weil er das seinen Freunden erzählte, haben die ihn besucht und sich dann auch Bretter besorgt und die zusammengenagelt … So ist Onigo entstanden, obwohl keiner den Ort wollte. Daher müssen die Einwohner von Onigo auch immer befürchten, dass die Verwaltung von São Paulo eines Tages Planierraupen schickt, die den Ort platt walzen und auslöschen. Doch dagegen würden sich die Leute in Onigo mit Händen und Füßen wehren. Denn obwohl es Onigo eigentlich nicht geben dürfte, ist es schon fast ein eigener Stadtteil von São Paulo geworden. Es gibt nur kein Wasser und keinen Strom und keine asphaltierten Straßen mit einem Bürgersteig. Aber dafür gibt es sogar einen Fußballplatz. Dort darf keiner sein Häuschen hinstellen.

Auf dem Platz haben außer den Männern bald auch so viele Kinder herumgebolzt, dass für sie ein Verein gegründet wurde. *Jabutis do Onigo* – so heißt der Verein. Und weil die Kinder inzwischen so gut spielen, haben sie sogar einen Trainer. Der nennt sich Dom Dunga. Er ist ein strenger Mann, der mit den Jabutis aufsteigen will.

Die Jabutis spielen an diesem Sonntag auswärts bei den Estrelas. Die Estrelas stehen in der Tabelle seit Wochen an erster Stelle. Sie dürfen nicht gewinnen, wenn der Abstand zu den Jabutis nicht zu groß werden soll.
Dom Dunga erklärt noch einmal die Taktik und zeichnet dazu mit einem Stöckchen Linien auf den staubtrockenen Boden. Carlos sitzt mit den anderen

Spielern um den Trainer herum und hört gespannt zu.
Zu Carlos und den anderen Stürmern sagt Dom Dunga: »Passt auf, wenn ihr einen Pass bekommt! Lauft ja nicht in die Abseitsfalle! Schaut euch vorher um, ob die Verteidiger nicht gerade vorrücken wollen! Die Estrelas kennen alle Tricks! Ich muss euch ja nicht sagen, was heute auf dem Spiel steht! Zeigt, was die Jabutis können! Und das gilt nicht nur für die Stürmer.«
Dann laufen alle Spieler aufs Feld. Dom Dunga ruft Carlos noch hinterher: »Und Carlos, heute musst du endlich wieder Tore schießen!«
Dieser Satz trifft Carlos wie eine Ohrfeige. Es stimmt: Er hat lange kein Tor mehr geschossen. Und als Stürmer muss

man einfach Tore schießen, auch wenn man sonst gut spielt! Denn schlecht hat Carlos nie gespielt. Nur das mit dem Toreschießen hat in den letzten Spielen nicht geklappt. Als der Schiedsrichter das Spiel anpfeift, denkt Carlos immer noch an die Worte, die Dom Dunga ihm hinterhergerufen hat. Es klang fast wie eine Drohung.

Flatsch! – macht der Ball, als Carlos ihn zum ersten Mal wie einen nassen Waschlappen stoppt. Keiner kann den Ball so am Fuß kleben lassen wie er. Und keiner schießt so gut mit rechts und mit links und keiner kann so schnell und so lange rennen.

Doch diesmal gibt Carlos sofort ab. Ihm kommt der Ball auf einmal so groß vor und das Tor der Estrelas scheint immer kleiner zu werden.

Carlos bekommt richtig Angst vor dem Ball. Er gibt immer wieder ab, obwohl er manchmal gar nicht angegriffen wird. Doch Carlos will keinen Fehler machen. Er will erst dann allein vorstürmen, wenn er sicher ein Tor schießen kann.
Aber dann schreit Dom Dunga ihm zu:
»Carlos, geh mit dem Ball!«
Carlos wird ganz nervös. Als er den Ball wieder hat, kommt der ihm fast vor wie ein Luftballon. Damit kann man einfach nicht vorstürmen.
»Carlos, mach das allein!« und »Carlos, schieß doch!«, schreit Dom Dunga weiter. Carlos wird immer nervöser.
Aber dann ist es so weit: Er hat die ganze linke Spielhälfte für sich und er hat den Ball. Carlos stürmt vor und denkt, dass er jetzt endlich wieder ein Tor schießen

kann. Der Torwart wird herauslaufen, Carlos wird ihn umdribbeln und – bamm! – mit einem genauen Schuss den Ball ins Tor donnern.
Alles kommt so, wie Carlos es sich gedacht hat. Er hat das leere Tor vor sich. Doch weil es ihm so klein vorkommt, nimmt er sich viel Zeit zum Zielen – und merkt gar nicht, dass der Torwart zu ihm zurückläuft und sich plötzlich von hinten auf den Ball wirft.
Carlos steht da wie versteinert. Eine bessere Gelegenheit, ein Tor zu schießen, hatte bestimmt noch kein Fußballspieler auf der Welt.
»Das kann nicht sein!«, und »Das ist doch nicht zu fassen!«, schreit Dom Dunga wütend und Carlos kommt wieder zu sich. Er will seinen Fehler gutmachen.

Also rennt er schnell hinter dem Ball her, den inzwischen ein Mittelfeldspieler der Estrelas führt. Der ist ein Schrank von einem Spieler, an den man kaum herankommt. Carlos will ihm aber den Ball vom Fuß spitzeln.
»Aaaah!«, schreit der Spieler plötzlich und wälzt sich auf dem Boden. Carlos hat ihn am Schienbein getroffen. Doch eigentlich hat er ihn nur leicht berührt. Aber der Spieler krümmt sich nun richtig, wie das heute fast jeder Fußballer macht, egal ob es wehtut oder nicht! Immerhin kann man so erreichen, dass es eine gelbe oder rote Karte gibt.
Carlos geht sofort zu dem Spieler und streckt seine Hand aus. Doch der sieht ihn nur kurz an und wälzt sich weiter herum. Schon ist der Schiedsrichter da. Und

tatsächlich: Der Schiedsrichter zieht die gelbe Karte. Er hält sie ganz weit hoch, als hätte er Angst, dass Carlos sie ihm wegreißen könnte.
Als das Spiel dann weitergehen soll, kommt es noch schlimmer.
»Moment!«, ruft Dom Dunga und macht mit der Hand ein Zeichen.
Der Schiedsrichter wartet. Carlos sieht, dass ein Ersatzmann neben Dom Dunga steht. Er schluckt. Dom Dunga schickt den neuen Spieler aufs Feld und winkt Carlos zu sich.
Carlos zeigt mit dem Finger auf sich, weil er es gar nicht glauben kann. Das ist ihm noch nie passiert. Doch Dom Dunga winkt wirklich *ihn* zu sich und keinen anderen.
Carlos schleicht vom Spielfeld und sieht

sich verwirrt um. Ihm wird ganz heiß, und das kommt nicht daher, weil er so viel gerannt ist. Einer wie Carlos auf der Ersatzbank! Was für eine Schande!

Die Jabutis verlieren das Spiel. Dom Dunga sieht man die Enttäuschung darüber an, dass sie damit vielleicht die Meisterschaft verspielt haben – und dass sein bester Spieler so versagt hat.

Dom Dunga spricht die ganze Zeit kein Wort mit Carlos, auch nicht, als er seine Spieler zurück nach Onigo fährt, wo sie alle wohnen. Doch auch die anderen dreizehn Jungen, die dicht gedrängt in dem klapprigen Transporter sitzen, schweigen vor sich hin.

Carlos wundert sich, dass Dom Dunga diesmal einen ganz anderen Weg fährt als

sonst. Er fährt nämlich zuerst in die Gegend, wo Carlos wohnt.
Und dann hält Dom Dunga plötzlich an und sagt: »Carlos, steig bitte hier aus! Ich will nicht durch den Schlamm in eurer Straße fahren.«
Dabei ist die Straße so staubig wie in der Wüste.
Sonst hat Dom Dunga ihn immer als Letzten abgesetzt und auch immer bis nach Hause gefahren. Und er hat dann meistens noch von den großen Plänen erzählt, die er mit den Jabutis und besonders mit Carlos hat.
Carlos trottet zum Haus seiner Eltern und achtet gar nicht richtig auf die Nachbarn, die ihn begrüßen.
Die dicke Celeste, die gerade ihr achtes Kind erwartet, ruft ihm zu: »Carlos, was

ziehst du denn für ein Gesicht? Hast du heute kein Tor geschossen?«

Carlos zuckt nur mit den Achseln.

»Aber das macht doch nichts!«, ruft Celeste weiter. »Pelé hat auch nicht in jedem Spiel getroffen. Und Pelé war eigentlich ein Fußball-Gott.«

»Hat er doch!«, ruft von hinten Celestes Freundin, die gerade zu Besuch ist. »Pelé hat in jedem Spiel mindestens ein Tor geschossen, außer vielleicht wenn er Sorgen hatte.«

»Hör nicht auf sie!«, sagt Celeste noch.

Carlos versucht zu lächeln. Er mag die Leute in Onigo und sie mögen ihn. Dabei hat er sich doch vorgenommen, aus Onigo herauszukommen. Er will so gut Fußball spielen, dass ihn ein berühmter Verein in São Paulo übernimmt. Dort kann er dann

auf einem grünen Rasen spielen und viele Tore schießen. Die Zuschauer würden ihm zujubeln und er würde eine Menge Geld verdienen. Und mit dem Geld würde er seiner Familie ein schönes Haus kaufen, mit Strom und fließendem Wasser und einem richtigen Garten.
Vor allem könnte er dann mit seiner Arbeit aufhören.

Carlos arbeitet jeden Tag in São Paulo. Schon am frühen Morgen macht er sich auf den Weg.
Er braucht für seine Arbeit nur einen Eimer, einen Schwamm und ein Ledertuch. Carlos putzt nämlich Autoscheiben an einer Straßenkreuzung. Wenn die Autos vor der Ampel halten müssen, läuft er zwischen ihnen hindurch

und schaut nach einem Auto mit schmutziger Windschutzscheibe. Alles muss schnell gehen, weil die Autos nur kurz halten. Carlos hat gar keine Zeit, um die Fahrer zu fragen, ob sie ihre Scheibe geputzt haben wollen. Er fängt einfach mit seiner Arbeit an. Und er merkt dann ziemlich schnell, ob das den Fahrern recht ist oder nicht. Wenn es ihnen nämlich nicht recht ist, rufen sie etwas oder hupen oder fuchteln sogar wild mit den Armen. Carlos freut sich immer auf den Nachmittag, weil er dann trainieren kann. Dabei trainiert er eigentlich schon bei der Arbeit. Er stellt sich oft vor, dass die Autos die gegnerischen Spieler sind und dass er um sie herumdribbeln muss. Außerdem rennt er oft von Onigo nach São Paulo. So bekommt er viel Ausdauer.

Carlos könnte an anderen Kreuzungen mehr Geld verdienen. Denn es gibt in São Paulo Kreuzungen, die viel größer sind und wo viel mehr Autos fahren. Aber damit er woanders arbeiten könnte, müsste erst einer der älteren Jungen seinen Platz freimachen.
An manchen Tagen lässt sich an seiner Kreuzung nämlich kaum etwas verdienen. Wenn Carlos dann zu wenig Geld nach Hause bringt, sind seine Eltern enttäuscht. Seine Mutter wäscht für andere Leute die Wäsche. Doch dabei kommt nicht viel zusammen.
Und sein Vater findet in letzter Zeit nur selten Arbeit. Er kann sich nicht mehr so gut bewegen, weil ihm immer der Rücken wehtut. Er geht schon richtig krumm. Und seit dem Tod der kleinen Schwester,

die eines Tages hohes Fieber bekam und starb, sitzt er manchmal nur zu Hause und starrt vor sich hin.
Alle paar Monate bekommen sie Geld vom älteren Bruder, der irgendwo in einer Mine im Urwald arbeitet. Doch das reicht auch nie lange.
Schon deshalb will Carlos bald ganz anders Geld verdienen: mit Fußball.
Und seine Eltern lassen ihm so viel Zeit wie möglich, damit er trainieren kann. Sie sind eigentlich stolz auf ihn. Der Vater hat selbst gesagt, dass Carlos wirklich gut spielt und viel Talent hat. Sonst sagt das Dom Dunga immer. Er hat damals die Eltern davon überzeugt, dass Carlos, wenn es nur geht, Fußball spielen soll.
Einmal hat Dom Dunga dem Vater sogar gesagt: »Ja, Fußball ist nur ein Spiel, und

während er trainiert, kann er natürlich nicht arbeiten. Aber mit Fußball kann dein Junge es schaffen. Er kann ein ganz Großer werden! Hab nur Vertrauen zu ihm! Carlos kann euch mit Fußball mehr helfen als mit allem anderen.«
Da hat der Vater über das ganze Gesicht gestrahlt.

Doch inzwischen ist das lange her, dass Dom Dunga so mit dem Vater gesprochen hat. Carlos muss endlich wieder Tore schießen!
Und jetzt traut sich Carlos gar nicht, seinen Eltern gegenüberzutreten.
Als er mit hängendem Kopf zu Hause ankommt, stehen sie gerade vor der Tür und plaudern mit Opa Ruben.
Opa Ruben ist schon alt und kann kaum

noch laufen und keine richtige Arbeit mehr machen. Außerdem ist er ziemlich vergesslich und erzählt immer wieder dieselben Geschichten. Manchmal hören die Leute ihm gar nicht mehr richtig zu.
Der Vater fragt Carlos sofort: »Habt ihr nicht gewonnen?«
»Nein«, antwortet Carlos nur.
»Hast du wenigstens gut gespielt? Hast du ein Tor geschossen?«, fragt der Vater weiter.
»Nein«, antwortet Carlos wieder nur und fängt an zu weinen.
Als ihn die Mutter da in den Arm nimmt, erzählt Carlos von seinem verpatzten Spiel.
»So kann das nicht weitergehen!«, sagt der Vater laut und schüttelt den Kopf.
»Lass ihn!«, unterbricht die Mutter. »Jeder kann mal Pech haben.«

»Das geht aber schon seit Wochen mit seinem Pech. Dabei haben wir ihm erst vor fünf Monaten die teuren Fußballschuhe gekauft!«, sagt der Vater, ohne Carlos anzusehen. »Was die gekostet haben! Und sie waren so gut wie neu!«
»Das meiste davon hat er ja selbst bezahlt«, verteidigt die Mutter ihren Sohn.
Doch der Vater brummt: »Von dem Geld hätten wir uns alle mal was Neues zum Anziehen kaufen können.«
Dann dreht er sich um und geht ins Haus.
Und die Mutter geht ihm hinterher.

Carlos starrt auf den Boden. Er fühlt sich gar nicht gut. Was soll aus ihm denn werden, wenn nicht ein berühmter Fußballspieler?
»Ich kenne das«, sagt plötzlich Opa Ruben zu ihm.

Opa Ruben schnitzt meistens an einer Holzfigur, die Carlos dann an Touristen verkauft. Ein paar Mal hat Carlos für eine solche geschnitzte Figur mehr Geld bekommen, als er in einer Woche an seiner Kreuzung verdient. Leider braucht Opa Ruben immer viel zu lange, bis wieder eine Figur fertig ist.
»Was meinst du?«, fragt ihn Carlos.
»Ich meine, dass ich das kenne, wie es dir geht«, sagt Opa Ruben. »Du hast eine Krise!«
»Was ist eine Krise?«, fragt Carlos.
»Eine Krise ist, wenn man plötzlich nicht weiterkommt«, erklärt Opa Ruben. »Das ist wie mit einem Weg. Wenn plötzlich einmal die Polizei so einen Weg sperrt, weiß man auch nicht, wie man weiterkommen soll. Und einem wie uns

gibt die Polizei keine richtige Antwort, und sonst ist keiner da, den man fragen könnte. So ist das auch mit dir. Du hast eine Krise.«
»Und was macht man gegen eine Krise?«, fragt Carlos.
Opa Ruben schaut überallhin, als würde er etwas suchen. Dann sagt er: »Eine Krise kann man umgehen. Man muss einen anderen Weg suchen. Und am besten ist natürlich, wenn man dabei an die Hand genommen wird.«
»Aber wer nimmt mich an die Hand?«, fragt Carlos. »Dom Dunga hat vielleicht kein Vertrauen mehr zu mir und Vater auch nicht.«
Opa Ruben schaut sich wieder um, sehr lange. Überall schaut er hin, auf die Straße, in den Himmel, zu den Nachbarn und auch auf den Boden.

Plötzlich sieht er Carlos durchdringend an und sagt: »Weißt du, wen ich mal getroffen habe? Du wirst es nicht glauben: Pelé, unseren großen Pelé. Da war er natürlich noch kein so berühmter Fußballspieler, weil er noch jung war, fünfzehn vielleicht. Na ja, ganz persönlich habe ich ihn nicht getroffen, aber ich habe ihn damals gesehen, im großen Stadion in São Paulo. Da hat er schon für den *Santos Futebol Clube* gespielt. Ich habe damals im Stadion den Müll weggeräumt und so konnte ich bei ein paar Spielen mit Pelé dabei sein. Einmal ist ihm ein Schnürsenkel gerissen und er hat ihn ausgetauscht. Ich erinnere mich noch ganz genau daran, weil so etwas ja nur selten vorkommt. Und weißt du was? Danach hat er in diesem Spiel kein Tor mehr

geschossen. Vielleicht lag das ja an dem neuen Schnürsenkel. Der hat ihm wohl kein Glück gebracht. Jedenfalls habe ich mir genau gemerkt, was mit dem alten Schnürsenkel geschah. Pelé hat ihn einfach am Spielfeldrand liegen gelassen. Wahrscheinlich hat er sich um Schuhe und was dazugehört nicht mehr so gekümmert.
Als Kind war er doch Schuhputzer und vielleicht wollte er daran gar nicht mehr denken.
Diesen Schnürsenkel habe ich jedenfalls eingesteckt und bis auf den heutigen Tag aufgehoben.«
»Was?«, schreit Carlos. »Du hast was von Pelé?«
»Ja doch!«, sagt Opa Ruben. »Nicht so laut! Ich habe vielleicht den ersten Schnürsenkel von Pelés ersten richtigen

Fußballschuhen. Und mit *dem* Schnürsenkel hatte er ganz bestimmt Glück.«
»Wo? Wo ist er?«, fragt Carlos aufgeregt.
»Carlos!«, ruft auf einmal der Vater aus dem Haus. »Carlos, komm bitte rein! Ich muss mit dir reden.«
Carlos dreht den Kopf hin und her. Er will jetzt nicht ins Haus.
»Geh schon!«, sagt Opa Ruben da leise. »Ich hole inzwischen den Schnürsenkel.«

Carlos schleicht ins Haus. Er weiß: Die Eltern wollen ihm etwas sagen, was sonst keiner hören soll. Im Haus kann man es tagsüber nämlich kaum aushalten. Die Sonne brennt auf das Dach, und weil das aus Wellblech ist, heizt sich das ganze Haus wie ein Backofen auf.

In dem dunklen Haus sitzen der Vater und die Mutter schweigend am Tisch.
Carlos setzt sich aufs Bett.
»Was soll nur aus dir werden, mein Junge?«, fragt ihn die Mutter und presst die Hände zusammen.
Carlos zieht die Schultern hoch.
Die Mutter stöhnt leise. »Wenn du bloß zur Schule gehen und etwas lernen könntest! Aber so!«
»Ich arbeite doch«, wehrt sich Carlos.
»Ja, das wissen wir«, sagt der Vater ziemlich laut. »So wie jetzt kann das aber auch nicht weitergehen. Bald bist du erwachsen und da kannst du nicht immer nur Autoscheiben putzen. So wirst du nie genug Geld verdienen. Was soll erst werden, wenn du selber eine Familie hast? Du musst eine andere Arbeit finden. Wie

wär's denn mit der Gerberei unten am Fluss?«
»Mit der Gerberei?«, fragt Carlos. »Ausgerechnet da?«
Er hat um die Gerberei immer einen Bogen gemacht. Sie stellen Leder her und es stinkt schon von weitem. Er kennt Jungen, die dort arbeiten. Sie müssen den ganzen Tag lang Felle von Tieren in großen Bottichen wälzen, sie auch enthaaren und fetten und zum Trocknen auslegen. Einige haben an den Händen schon selbst Haut wie Leder. Der Chef sucht immer mal wieder andere Jungen, die für ihn arbeiten. Dabei sind manche noch viel zu jung für so eine Arbeit.
Carlos wird ganz kalt.
»Na ja, vielleicht nicht gerade in der Gerberei«, antwortet der Vater und

räuspert sich. »Trotzdem könntest du da mehr Geld verdienen und auch irgendwie was lernen.«
»Und das Fußballspielen?«, fragt Carlos und gibt sich Mühe, nicht wieder zu weinen.
»Ja, das Fußballspielen!«, seufzt die Mutter.
Und auch der Vater wiederholt: »Ja, das Fußballspielen!« Dann atmet er tief ein, wischt sich den Schweiß von der Stirn und sagt: »Wir dachten ja, damit könnte es klappen. Aber wir müssen vernünftig sein. Es kann nicht jeder ein großer Fußballspieler werden.«
»Ich kann doch Tore schießen«, wispert Carlos. »Aber da ist irgendwas …«
»Es ist ja auch sehr, sehr schwer«, redet der Vater weiter, »wenn man ausgerechnet

in Brasilien ein großer Fußballspieler werden will. Hier wollen doch fast alle Jungen …«
Die Mutter unterbricht ihn und fragt Carlos vorsichtig: »Was ist da?«
»Eine Krise«, sagt Carlos.
»Eine Krise?«, fragt der Vater.
»Ja, ich habe nur eine Krise!«, sagt Carlos und richtet sich auf. »Und eine Krise kann man umgehen.«
Die Eltern sehen sich erstaunt an.
Carlos ist sich jetzt eigentlich ganz sicher, dass er nur eine Krise hat. Er sieht ein Hindernis vor sich. Einem Hindernis kann man ausweichen. Man muss einfach einen anderen Weg einschlagen. Wenn er nur wüsste, welchen! Aber das kann er ja herausfinden.
Er versucht das zu erklären, das mit der

Krise und dem Hindernis und dem Ausweichen.
Am Ende macht der Vater gar kein so ernstes Gesicht mehr. Er sagt: »Na gut! Ich wünsche dir, dass du Recht hast. Vielleicht hast du wirklich nur eine Krise. Also warten wir noch ein bisschen ab. Eigentlich bist du ja ein guter Fußballspieler.«
Die Mutter lächelt sogar.
Als Carlos aus dem Haus geht, hat er ganz weiche Knie.

Draußen wartet schon Opa Ruben auf Carlos. Er stützt sich breitbeinig auf seinen Krückstock und grinst.
»Komm mit um die Ecke hier!«, sagt er sofort.
Carlos muss erst wieder zu sich kommen.

Er sieht Opa Ruben nur an.
»Komm schon, ich habe den Schnürsenkel!«, flüstert Opa Ruben.
Da erinnert sich Carlos wieder. Er geht sofort hinter dem Großvater her, hinter das Haus, wo sie nicht jeder sehen kann.
Opa Ruben bleibt stehen und sieht sich nach allen Seiten um. Carlos schaut ihn mit großen Augen an. Der Großvater hat ihm schon ein paar Mal aus der Patsche geholfen.
Noch einmal sieht sich Opa Ruben um. Dann fasst er vorsichtig in seine Hosentasche und zieht wirklich einen alten Schnürsenkel hervor. Er hält ihn so, wie man vielleicht ein Kätzchen oder etwas ganz Zerbrechliches hält.
»Das ist er«, sagt Opa Ruben.
Carlos ist ein wenig enttäuscht.

Der Schnürsenkel ist wirklich sehr alt und speckig.

»Der sieht aber nicht schön aus«, stellt Carlos fest.

»Was glaubst denn du?«, sagt Opa Ruben. »Den habe ich so aufgehoben, wie ich ihn eingesteckt hatte. Natürlich sieht der nicht schön aus. Stell dir mal vor, wie oft Pelé damit gespielt hat! Denkst du, der konnte sich andauernd neue Schnürsenkel leisten? Pelé war nur ein paar Jahre älter als du und seine große Karriere fing erst an. Da hat er so einen Schnürsenkel lange, sehr lange benutzt. Aber warte! Wir können ja Wasser und Seife nehmen und ihn ein bisschen waschen.«

»Nein!«, ruft Carlos schnell und greift nach dem Schnürsenkel. »Lass ruhig! Wenn Pelé damit spielen konnte …«

Als Carlos den Schnürsenkel in der Hand hält, ist ihm ganz sonderbar zumute. Er kann gar nicht mehr sprechen.
»Also dann: Viel Glück damit!«, sagt Opa Ruben und will wieder vor das Haus gehen.
Carlos hält den Schnürsenkel so vorsichtig wie Opa Ruben. Er schaut ihn sich genau an. Und plötzlich muss er überlegen. Er sieht den Großvater misstrauisch an und sagt: »Warte mal, Opa! Hast du nicht gesagt, Pelé wäre der Schnürsenkel gerissen? Aber der hier ist ja gar nicht gerissen.«
Opa Ruben blickt plötzlich wieder überallhin. Dann sagt er ganz langsam: »Du hast Recht, Carlos. Ich muss dir was gestehen.«
»Was denn?«, fragt Carlos ungeduldig.

»Weißt du«, sagt Opa Ruben und spricht noch langsamer, »ich habe dir nicht ganz die Wahrheit gesagt. Ich hatte beide Schnürsenkel. Pelé hat nämlich beide ausgetauscht, nicht nur einen. Aber den, der gerissen war – den habe ich später verkauft. Ich brauchte Geld und so ein verrückter Fußballfan wollte ihn unbedingt für sich. Ich habe sehr viel Geld dafür bekommen. Trotzdem habe ich nur einen Schnürsenkel hergegeben, und zwar den kaputten. Tut mir Leid!«
»Aber das macht doch nichts! Er ist ja trotzdem von Pelé. Danke Opa, danke!«, ruft Carlos und schaut wieder auf den Schnürsenkel in seiner Hand.
Da atmet Opa Ruben tief ein und geht zurück vors Haus. Doch dreht er sich noch einmal auf seinem Stock um und

sagt leise zu Carlos: »Und erzähl nie einem davon! Sonst verliert er bestimmt seine Wirkung.«
Carlos murmelt: »Nein, auf keinen Fall!«
Ihm ist ganz schwindelig.

Carlos hütet Pelés Schnürsenkel, als wäre er ein Goldschatz.
In der ersten Zeit trägt er den Schnürsenkel immer mit sich herum. Er nimmt ihn sogar mit zur Arbeit. Aber dann wird ihm das doch zu unsicher. So wie er zwischen den Autos herumflitzt, würde er es gar nicht merken, wenn ihm der Schnürsenkel aus der Hosentasche fiele, jedenfalls nicht sofort. Er sieht deshalb immer wieder nach, ob er ihn noch hat. Das lenkt Carlos aber so ab, dass er manchmal fast seine Arbeit vergisst.

Einmal hätte ihn fast ein Auto überfahren. Die Ampel hatte schon längst auf Grün geschaltet und Carlos stand immer noch zwischen den Autos und fühlte in seiner Hosentasche, ob der Schnürsenkel da war. Außerdem muss Carlos immer damit rechnen, dass ihn einer überfällt. Das muss kein Erwachsener sein. In São Paulo gibt es auch zahllose Kinderbanden. Viele schrecken vor nichts zurück und sind bis an die Zähne bewaffnet.
Meistens sind es Kinder, die keine Eltern mehr haben. Die Kinder wachsen ganz allein auf. Keiner sorgt für sie. Doch irgendwie müssen sie alle zu Essen und Geld kommen.
Carlos kennt einige von ihnen. Denn viele stammen aus Onigo. Daher lassen sie ihn auch in Ruhe.

Aber zweimal hat ihn schon eine fremde Bande bedroht. Beide Male haben sie seine Taschen durchsucht und ihm das ganze Geld abgenommen, das er an dem Tag an der Kreuzung verdient hatte. Seitdem geht Carlos einen anderen Weg nach Hause.
Wenn sie Carlos noch einmal überfallen sollten und er hätte Pelés Schnürsenkel dabei, müsste er ihn bestimmt sofort herausrücken.
Denn was von Pelé stammt, ist in Brasilien viel wert. Nie wieder wird Brasilien einen Fußballspieler wie Pelé haben. Auf der ganzen Welt wird es keinen mehr geben wie ihn.

Carlos weiß alles über Pelé. Er hat auch ein Foto von ihm.

Schon mit fünfzehn Jahren hat Pelé für den berühmtesten Fußballverein Brasiliens gespielt, den *Santos Futebol Clube*. Mit sechzehn kam er in die Nationalmannschaft. Und mit siebzehn Jahren wurde er Weltmeister. Das war 1958 in Schweden, wo die schwedische Mannschaft auch im Finale stand. Nach dem Spiel sagte ein schwedischer Verteidiger, den Pelé immer wieder wie einen Holzpfahl umlaufen hatte: »Nach dem fünften Tor wollte ich ihm applaudieren.«
Dom Dunga erzählt auch oft von Pelé. 1970 in Mexiko gewann Brasilien im Spiel gegen Italien zum dritten Mal die Weltmeisterschaft, und nach dem Finale sagte ein italienischer Verteidiger über Pelé: »Ich dachte, er wäre aus Fleisch

und Blut wie ich. Aber ich habe mich geirrt.«
Pelé vergaß nie seine Herkunft und wie er selbst aufgewachsen war. Als er das tausendste Tor für den *Santos Futebol Clube* geschossen hatte, verkündete er: »Dieses Tor widme ich den armen Kindern von Brasilien.«
Carlos weiß noch, dass sie einmal die Fußballschuhe von Pelé versteigert haben. Es waren die Schuhe, die er bei der Weltmeisterschaft in Schweden getragen hatte. So viele Leute wollten die Schuhe haben und sie boten so viel Geld dafür, dass davon seine ganze Familie gut hätte leben können. Keiner hätte mehr arbeiten müssen und trotzdem hätten alle genug zu essen gehabt.

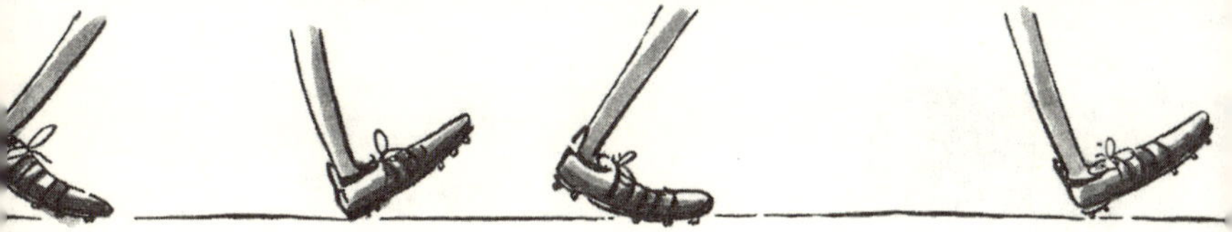

Deswegen ist es eigentlich wie ein Wunder, dass ausgerechnet Opa Ruben einen ganzen Schnürsenkel von Pelé hatte. Denn auch dafür würden die Leute sehr viel bezahlen – so wie ja Opa Ruben auch schon für den anderen Schnürsenkel, den kaputten, eine Menge Geld bekommen hatte. Aber Carlos versteht, dass der Großvater ihn nicht hergeben wollte.
Und die Diebe in São Paulo? Eigentlich kann ja keiner wissen, dass der Schnürsenkel der von Pelé ist. Trotzdem hätte der eine oder andere Dieb vielleicht einen Verdacht. Denn wer trägt schon einen alten, speckigen Schnürsenkel mit sich herum, außer wenn er besonders wertvoll ist?
Carlos überlegt jedenfalls lange, wo er den Schnürsenkel verstecken könnte. Bei der

Ampel an seiner Kreuzung, wo ihn ein Polizist entdecken würde? Vor dem Haus in einem der Blumentöpfe, wo er verrotten könnte? Hinter dem Kühlschrank, wo eine Maus an ihm herumknabbern würde? Carlos kennt eigentlich keine Stelle, wo er etwas verstecken könnte.
Und doch – es dauert eine Weile, ehe er darauf kommt. Sein Bett! Da schläft zwar am Mittag auch mal sein Onkel drin, aber dort würde keiner suchen. Es kann höchstens passieren, dass die Mutter das Bettzeug wäscht. Aber auch dann wäre der Schnürsenkel in Sicherheit. Denn Carlos steckt ihn tief unter die Matratze. Er kann sich nicht daran erinnern, dass mal einer unter die Matratze seines Bettes geschaut hätte.

Trotzdem geht Carlos dann so oft es geht zu seinem Bett. Er überzeugt sich vorher immer, dass weder der Vater noch die Mutter gerade hereinkommt.
Carlos schlüpft immer schnell ins Zimmer und hebt heimlich die Matratze hoch.
Und wenn er den Schnürsenkel wiedersieht, freut er sich jedes Mal so, als würde er ihn zum ersten Mal sehen. Er fasst ihn an und spürt, wie seine Kraft in ihn hineinströmt.
Einmal will er den Schnürsenkel beim Training benutzen. Aber dann lässt er ihn doch zu Hause, um seine Wirkung nicht abzunutzen.

In den nächsten Tagen kommt es Carlos fast so vor, als ob ihn die Zeit ärgern wollte, weil sie immer so langsam vergeht.

Doch endlich ist es so weit: Es ist wieder Sonntag und die Jabutis haben ihr nächstes Spiel. Sie treten diesmal gegen den Tabellendritten an. Wenn sie gewinnen, ist der Titel vielleicht doch noch nicht verloren.
Carlos hat den Schnürsenkel für seinen linken Schuh genommen, weil er normalerweise mit links schießt. Schon beim Aufwärmen spürt er, wie viel Kraft er plötzlich hat. Carlos sprintet über das Feld, als wäre er ein 100-Meter-Läufer. Keiner wird ihn aufhalten! Und er wird diesmal ein Tor schießen, mindestens eins!

Doch dann geschieht das Unglück: Dom Dunga stellt die Mannschaft zusammen und sieht Carlos gar nicht an. Als die elf Spieler zusammenstehen, ist Carlos nicht

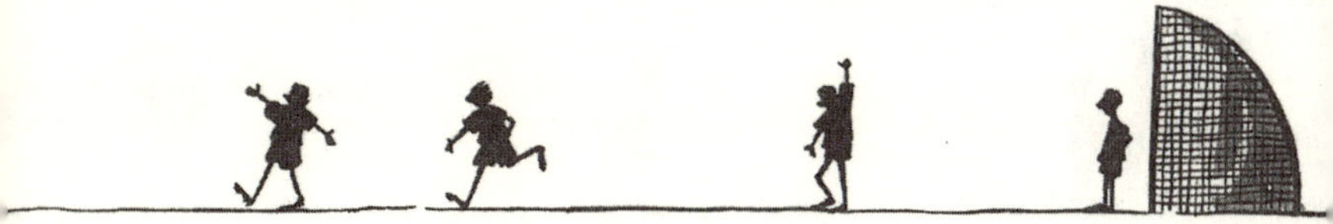

dabei. Dom Dunga lässt ihn nicht auflaufen. Carlos muss auf der Ersatzbank sitzen.

Zuerst will er Dom Dunga fragen, wie das sein kann. Er hat noch nie auf der Ersatzbank gesessen. Aber Carlos hat einen ganz trockenen Mund und Dom Dunga ist sehr beschäftigt. Also setzt sich Carlos auf die Ersatzbank und schweigt. Er beobachtet das Spiel wie im Fieber.

Carlos sieht, dass beim Angriff seiner Mannschaft gar nichts klappt. So schlecht könnte er selbst nie angreifen, auch wenn er wie am letzten Sonntag spielen würde.

Ein paar Mal hat Carlos den Eindruck, dass ihn Dom Dunga gleich einwechseln wird. Bloß spielen dann die Jabutis gerade wieder nach vorn und Dom Dunga scheint ihn wieder zu vergessen.

Das erste Tor der gegnerischen Mannschaft fällt in der zwanzigsten Minute, das zweite kurz vor der Halbzeit.
Und dann? Carlos stellt sich in der Halbzeit so zu der Mannschaft, als ob klar wäre, dass er nun wieder spielen würde. Schließlich läuft ohne ihn erst recht nichts. Doch Dom Dunga redet nur auf die ein, die schon gespielt haben. Carlos kann es nicht fassen: Auch nach der Halbzeit muss er auf der Bank sitzen. Dom Dunga sieht zwar manchmal zu ihm hin, doch dreht er sich immer wieder schnell zum Spiel. Carlos würde am liebsten nach Hause gehen. Aber dann könnte er wahrscheinlich für immer zu Hause bleiben.
Es sind schon über zehn Minuten vorbei, als die Jabutis wieder einen Angriff

vermurksen. Da gibt Dom Dunga dem Schiedsrichter ein Zeichen.
Er dreht sich plötzlich zu Carlos und sagt ernst: »So, Carlos, jetzt ist deine Stunde gekommen! Zeig, was du kannst!«
Für Carlos kommt das so überraschend, dass er gar nicht aufsteht.
»Carlos!«, schreit ihn Dom Dunga fast an. »Los, aufs Feld mit dir! Jetzt reißt du das Spiel herum!«
Carlos springt auf. Er zieht noch einmal seine Schnürsenkel fest, besonders den linken, und sprintet los. Er spürt so viel Kraft in sich wie noch nie.
Flatsch! – bleibt ihm sofort der Ball am Fuß kleben und er stürmt vor. Ein Abwehrspieler will ihn aufhalten. Aber Carlos läuft um ihn herum, als wäre der nur der Schiedsrichter. Und – bamm! –

schießt er in die linke obere Torecke. Doch der Torwart hält mit einer Glanzparade.
Carlos kommt das Tor jetzt gar nicht mehr so klein vor.
Beim nächsten Angriff zögert er ein wenig. Aber das kommt nur daher, weil er kurz überlegen muss: Soll er selbst schießen oder soll er abgeben? Es ist besser abzugeben. Carlos legt den Ball so vor, dass der millimetergenau kommt und der Mittelstürmer der Jabutis bloß den Fuß hinhalten muss. Es steht nur noch 2 : 1. Keine fünf Minuten später nimmt Carlos einem Gegner den Ball in der eigenen Hälfte ab und stürmt vor. Schon ist er über die Mittellinie. Inzwischen kommen ihm die gegnerischen Spieler alle vor wie Autofahrer, die an der Ampel stehen.

Wenn es dann Grün wird und der erste richtig Gas gibt, lässt er die anderen weit hinter sich.
Rammbamm! – knallt Carlos den Ball ins Tor. Bestimmt wäre das Netz gerissen, wenn sich die Jabutis eins leisten könnten.
Und dann wagt Carlos alles. Weil ihm das Tor so groß vorkommt, zieht er aus über zwanzig Metern Entfernung ab.
Eigentlich ist er für solch einen Schuss noch zu klein. Doch der Ball fliegt über die Torlinie wie ein Vogel. Carlos wundert sich, wie leicht man doch Tore schießen kann.
Das Spiel ist schon fast vorbei, als Carlos einmal wieder dribbelt und die Gegner austrickst und dribbelt – bis er allein vor dem großen Tor steht und nur noch einschießen muss. Doch plötzlich liegt er

auf dem Boden. Einer der Verteidiger ist hinter ihm hergelaufen und hat ihn gefoult. Den fälligen Strafstoß verwandelt dann der Kapitän. Denn der ist für Strafstöße zuständig.

Dom Dunga fährt Carlos an diesem Sonntag wieder bis nach Hause. Er fährt extra langsam durch die Straße, wo Carlos wohnt, und redet die ganze Zeit auf ihn ein. Carlos überlegt sich ein paar Mal, ob er sein Geheimnis ausplaudern soll. Einmal ist er kurz davor. Da sagt nämlich Dom Dunga und lacht: »Ich muss dir mal neue Schnürsenkel schenken, damit du zwei gleiche hast.«
Aber Carlos murmelt schnell: »Nein danke! Ich kann nicht mit neuen Schnürsenkeln spielen.«

Dom Dunga zieht die Augenbrauen zusammen und sieht Carlos an. Dann sagt er: »Dich soll einer verstehen!« Und er lacht erst recht.

Wieder einen Sonntag später: Carlos spielt Fußball, als würde er nur an seiner Kreuzung arbeiten. Im Zickzack läuft er zwischen den Spielern hindurch, als wären sie Autos, die stillstehen. Und der Ball bleibt ihm dabei so nah am Fuß, als wäre er der Schwamm in seiner Hand.
Manchmal denkt er fast, er müsste den Ball nur zum Tor tragen, so wie er seinen Wassereimer zu den Autos trägt.
Fußball spielen kommt Carlos jetzt wieder viel einfacher vor als seine Arbeit und es macht richtig Spaß. Denn an der Kreuzung ist es oft eine Qual. Dort ist es

immer laut und die Luft ist so dreckig, dass Carlos manchmal ganz schwarze Nasenlöcher hat. Und auf dem Fußballplatz ein Tor zu schießen – das ist noch schöner, als ein saftiges Trinkgeld zu bekommen.

Wenn er nur einmal auf einem Platz spielen könnte, wo es nicht bei jedem Schuss staubt! Das wäre ein Traum.

Dabei spielt Carlos schon wie im Traum.

Er schießt drei Tore und die Jabutis gewinnen 5 : 1.

Noch einen Sonntag später. Die Jabutis haben ein Heimspiel. Zum ersten Mal ist viel Publikum gekommen. Eine Menge Kinder wollen ihren neuen Helden Carlos sehen. Weil die Estrelas inzwischen ein Spiel verloren und eins nur unentschieden

gespielt haben, stehen die Jabutis punktgleich mit ihnen an der Tabellenspitze.
Es sind sogar Erwachsene da, die sich das Spiel ansehen: Die Eltern von Carlos, Celeste und ihr Mann, ein paar andere Nachbarn – und auch ein paar ganz fremde Leute, darunter einer mit Schlips!
»Ja-bu-tis!«, »Ja-bu-tis!«, und »Car-los!«, »Car-los!«, brüllen die Kinder so laut, dass manche schon ganz heiser sind.
Carlos spielt wie im Rausch. Er findet inzwischen, dass ein Fußballtor viel zu groß ist für einen Torwart. Bamm!, bamm!, bamm! – schießt Carlos wieder drei Tore – und nicht nur das: Auch alle anderen Tore bereitet er mit vor. 6 : 3 geht das Spiel aus, und weil die Estrelas am selben Tag wieder nur unentschieden

spielen, stehen damit die Jabutis an der Tabellenspitze.
Carlos wird von seinen Fans fast erdrückt. Zwei Mädchen fallen ihm so um den Hals, dass er beinahe hinfällt.
Und dann drückt ihm ein großer Junge sogar einen Stift in die Hand. Carlos soll ein Autogramm geben. Das wundert ihn ein bisschen. Denn eigentlich müsste der Junge wissen, dass er so wie die anderen Kinder nicht schreiben kann. Aber vielleicht denken sie inzwischen, Carlos könne alles, nicht nur gut Fußball spielen. Wenn ihm Dom Dunga nur helfen könnte! Doch der sitzt schon seit der Halbzeit bei den fremden Leuten unter den Zuschauern und redet mit ihnen. Dom Dunga hat gar nicht mehr zugeschaut, wie seine Mannschaft gespielt hat. Doch Carlos

denkt nun wirklich ein bisschen, er könne fast alles. Also zieht er mit dem Stift einfach ein paar Wellen auf die Zettel, die ihm die Kinder hinhalten. So hat er das bei den großen Fußballstars gesehen. Die schreiben auch nicht richtig, wenn sie Autogramme geben. Sie machen nur so eine schwingende Bewegung mit der Hand.

Carlos weiß ja von Opa Ruben, wie lange es dauert, bis man seinen Namen geschrieben hat. Der Großvater hat ihm schon ein paar Mal gezeigt, wie man schreibt. »Ruben« hat er geschrieben und dabei mehrmals abgesetzt. Er musste das wohl auch erst wieder üben. Denn erst beim vierten oder fünften Mal hat es nicht mehr so lange gedauert.

Carlos wollte dann, dass Opa Ruben auch einmal »Carlos« schreibt. Aber da hat

Opa Ruben gesagt: »Ach, mit anderen Namen ist das schwierig. Da brauche ich noch viel länger. Und ich glaube auch, dein Name ist nicht so leicht zu schreiben. ›Ruben‹ dagegen ist gar nicht so schwer.«
Carlos weiß also, dass er einen Namen hat, der ziemlich schwer zu schreiben ist. Mit so einem Namen braucht man als Fußballspieler viel zu lange, um ihn zu schreiben.
So fällt es Carlos dann gar nicht schwer, Autogramme zu geben. Er malt einfach so etwas wie einen spitzen Felsen und zwei Wellen hintendran. Fertig! Carlos gibt bestimmt fünfzig Autogramme. Denn als er das erste geschrieben hat, wollen alle anderen auch eins.
Als dann endlich Dom Dunga kommt, ist Carlos richtig erlöst.

»So, jetzt ist es aber gut!«, sagt Dom Dunga zu den Kindern und sieht sich neugierig an, was Carlos ihnen auf die Zettel malt. Dann lacht er laut und klopft Carlos auf die Schulter.
»Du bist wirklich ein Held!«, sagt er.
Dom Dunga fährt Carlos wieder bis nach Hause. Trotzdem redet er diesmal nicht so viel. Er sagt nur einmal: »Weißt du, Carlos: Das ist wirklich nur schwer zu verstehen mit dir. Aber vielleicht macht sich alles bezahlt, vielleicht schon sehr bald.« Dom Dunga klingt richtig traurig, als er das sagt.

Als Carlos am nächsten Tag zum Training geht, sind nur ein paar Spieler da. Auch Dom Dunga fehlt.
»Carlos, was machst du denn hier?«, fragt ihn ein Junge von den Jabutis.

»Wieso?«, fragt Carlos zurück. »Ist heute kein Training?«
»Nein«, sagt der Junge. »Heute fällt das Training aus. Weißt du das denn nicht? Und du sollst zu Hause bleiben, hat Dom Dunga gesagt.«
Carlos ärgert sich. »Mir hat keiner was gesagt. Ich habe mich extra beeilt und bin nach der Arbeit gleich hierher gekommen. – Wieso soll ich denn zu Hause bleiben?«
»Ich weiß auch nicht«, sagt der Junge.
Nicht Fußball spielen – das ist eine große Enttäuschung für Carlos. Er will doch jeden Tag trainieren. Wer als Fußballer Erfolg haben will, muss jeden Tag trainieren.
»Na, dann gehe ich mal«, sagt Carlos und trottet nach Hause.

»Carlos, hast du schon gehört: Heute kriegst du Besuch«, ruft ihm Celeste zu, als Carlos an ihrem Haus vorbeigeht. Er kickt eine leere Bierdose vor sich her.
»Wie, Besuch?«, fragt Carlos.
»Die haben irgendwas mit dir vor«, ruft Celestes Mann. »Sieh mal zu, dass du nach Hause kommst!«
Da wird Carlos wirklich neugierig. Er läuft los und schlägt auf seinem Weg tolle Pässe mit der Bierdose.
»Wo bleibst du denn, mein Junge?«, fragt ihn die Mutter gleich. »Wieso kommst du erst jetzt?«
»Ich bin gleich zum Training gegangen«, antwortet Carlos. »Aber das fällt heute aus. So ein Mist!«
»Das wissen wir schon, dass heute kein Training ist«, sagt der Vater mit ganz

hoher Stimme. »Dom Dunga hat es heute Mittag ausrichten lassen. Und du sollst zu Hause bleiben.«
Carlos merkt, dass irgendetwas in der Luft liegt. Alle sind ganz aufgeregt.
»Was ist denn los?«, fragt er.
»Mehr wissen wir auch nicht«, sagt die Mutter. »Dom Dunga hat nur ausrichten lassen, dass es wichtig ist, dass du zu Hause bist. Mach schon und zieh deine dreckigen Klamotten aus! Ich habe dir deine gute Hose rausgelegt. Und wasch dich vorher. Ich habe frisches Wasser geholt.«
Carlos wundert sich. Sonst muss immer er das Wasser holen.
»Los!«, sagt der Vater. »Mach dich fertig!«
Carlos sieht Opa Ruben an. Der grinst nur und nickt mit dem Kopf.

Dann lärmt es auf einmal in der Straße.
Ein Auto kommt angefahren und eine ganze Horde Kinder läuft brüllend hinterher. Es spricht sich nämlich sofort herum, wenn einmal ein fremdes Auto in diese Gegend kommt.
Und das fremde Auto hält wirklich vor dem Häuschen, wo Carlos mit seiner Familie wohnt.
Dom Dunga sitzt in dem Auto. Aber er ist nicht gefahren. Wie könnte Dom Dunga auch ein so teures Auto fahren?
Am Lenkrad sitzt ein fremder Mann, der einen Schlips trägt.
Als Dom Dunga und der Mann aussteigen, werden sie von den Kindern so umringt, dass sie sich richtig den Weg freikämpfen müssen.
Der Vater schickt die Kinder weg und ruft

Dom Dunga zu: »Was machst du für Sachen? Was ist denn los?«
»Wart ab, wart ab!«, sagt Dom Dunga nur und schüttelt dem Vater die Hand.
Und ehe der Vater den fremden Mann begrüßen kann, schaut der ihn an und sagt zu ihm: »Sie sind also der Vater von Carlos, der bei den Jabutis spielt?«
»Ja, der bin ich«, antwortet der Vater.
»Und du bist Carlos«, sagt der Mann zu Carlos.
Carlos nickt.
»Können wir vielleicht hereinkommen?«, fragt der Mann dann den Vater. »Ich möchte mit Ihnen und Ihrem Sohn sprechen.«
»Da sind Sie ja endlich«, ruft plötzlich Opa Ruben, als hätte er den Mann erwartet. »Carlos wird der beste

Fußballspieler Brasiliens, jedenfalls der zweitbeste, nach Pelé.«

»Wie …?«, fragt der Mann Opa Ruben überrascht.

»Ich habe mich nur gewundert, warum Sie nicht schon früher gekommen sind«, antwortet Opa Ruben. »Pelé haben sie geholt, als er elf war.«

Der Vater wird auf einmal ganz blass.

»Ist das wirklich wahr?«, fragt er Dom Dunga und der fängt breit zu grinsen an.

»Gehen wir erst einmal hinein!«, sagt der Mann und lächelt und sieht Carlos neugierig an.

Als sie alle im Haus sind, läuft Carlos schnell zu Opa Ruben und wirft sich ihm in die Arme.

»Opa«, sagt er, »das habe ich alles dir zu verdanken.«

»Mir?«, fragt Opa Ruben. »Wieso mir? Bedank dich bei Pelé! Ich glaube, den wirst du jetzt bald mal treffen.«
Im Haus können die Eltern vor Staunen kaum etwas sagen. Denn Carlos soll schon von der nächsten Woche an in São Paulo trainieren, bei der Jugendmannschaft vom *Santos Futebol Clube*. Er soll dort mit einem anderen Spieler ein Zimmer bekommen und Lesen und Schreiben lernen.
»Das kann nicht sein!«, murmelt die Mutter und versteckt das Gesicht in den Händen.
»Mutter!«, sagt Carlos. »Ihr könnt mich doch besuchen.«
Da drückt die Mutter Carlos ganz fest an sich.
»Macht ihr euch jetzt mal keine Sorgen

mehr!«, sagt Dom Dunga und wirft sich in die Brust.

»Na, wir müssen erst abwarten, wie er sich einlebt«, sagt der Mann. »Aber wenn Ihr Sohn dann einen Vertrag bei uns hat, fällt für Sie auch etwas ab. Ich habe gesehen, dass der Großvater draußen mal ein Paar neue Schnürsenkel gebrauchen könnte. Der hat ja nur noch einen.«

Da schreit Carlos: »Was? Dann war ja alles gelogen!«

»Was hat er denn?«, fragt der Mann, als Carlos aus dem Haus stürzt. Er geht mit den Eltern und Dom Dunga schnell hinter ihm her.

Draußen hat Carlos sich vor Opa Ruben hingeworfen. Er hält seinen rechten Schuh fest und sieht sich genau den Schnürsenkel an.

Dann springt er auf und boxt auf den Großvater ein. »Du Schuft, du gemeiner!«, brüllt er.
Opa Ruben wehrt sich gegen die Schläge und grinst.
Dann greift er sich Carlos, zieht ihn zu sich und flüstert: »Das bleibt aber unter uns!«
Carlos starrt Opa Ruben mit offenem Mund an und plötzlich schütten sich beide aus vor Lachen.
Dom Dunga zieht nur die Schultern hoch und sagt: »Manchmal kann man den Jungen einfach nicht verstehen.«
Aber Opa Ruben ruft: »Ich schon!«
Und da lachen die beiden erst recht.